Género Texto persuasivo

Pregunta esencial

¿Cómo comenzar un negocio puede ayudar a los demás?

COMENZAR EN PEQUEÑO
PENSAR EN GRANDE

JULIA WALL

Capítulo 1

COMIENZOS MODESTOS

Para crear un negocio se necesita tiempo, energía y valor. Cada negocio empieza con una gran idea, pero esta sola no basta.

Los **empresarios** son personas que crean negocios. Trabajan duro para hacer algo que otras personas querrán comprar. Tienen que convencer a la gente de que sus ideas son buenas y encontrar el dinero para crear sus negocios.

Los empresarios con frecuencia tienen dificultades. Las personas les dicen que sus empresas no funcionarán. Sin embargo, cuando tienen éxito, hacen una gran diferencia.

Lila y DeWitt Wallace afrontaron grandes riesgos para crear un negocio.

DeWitt y Lila Wallace decidieron crear una nueva revista en 1919. DeWitt Wallace comenzó a buscar artículos de no ficción publicados con anterioridad. Hizo un proceso de revisión para hacerlos más cortos. Los presentó en una revista llamada *Reader's Digest*.

DeWitt Wallace envió 200 copias de su revista a diferentes editores. Esperaba que alguno quisiera publicarla.

Ninguno de los editores pensaba que la idea de los Wallace funcionaría. Entonces, el matrimonio Wallece decidió vender la revista a través del correo.

Los Wallace recaudaron fondos suficientes para imprimir 5.000 copias de la primera revista *Reader's Digest* en 1922.

La revista tuvo éxito. En 1926, se vendieron 20,000 copias por correo en Estados Unidos. En 1929, *Reader's Digest* se vendía en quioscos de diarios y revistas, y también por correo.

Actualmente, *Reader's Digest* continúa vendiendo millones de copias.

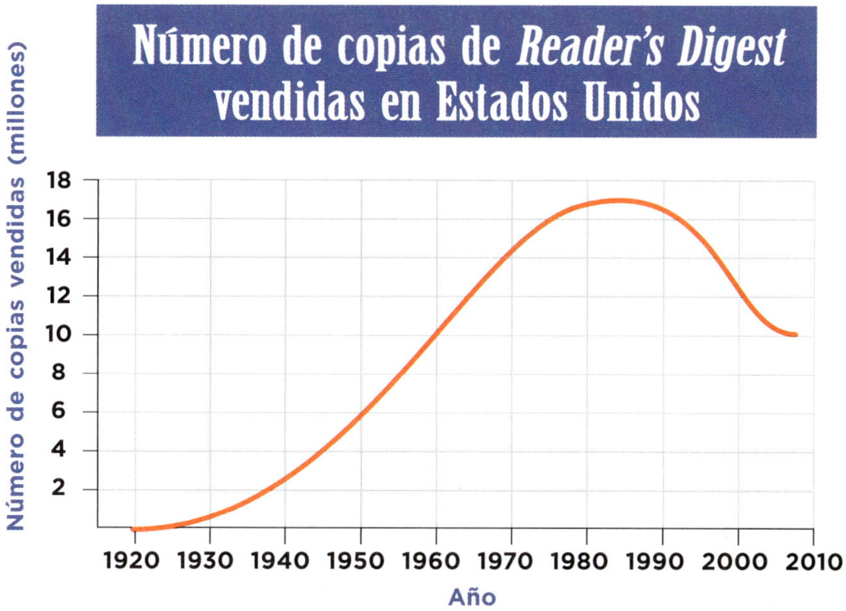

En 2010, *Reader's Digest* empezó a publicarse diez veces por año en lugar de veinte. Esto quiere decir que se publicaban menos copias.

Los Wallace querían ayudar a su comunidad. Donaron dinero a la Academia Juilliard. Esta academia en la Ciudad de Nueva York enseña danza, música y teatro.

Los Wallace murieron en la década de 1980. Dejaron todo su dinero a organizaciones educativas y programas de artes. *Reader's Digest* es todavía una de las revistas más famosas a nivel mundial.

AHORA COMPRUEBA

¿Qué problemas tuvieron los Wallace cuando crearon *Reader's Digest*?

Capítulo 2

¡QUÉ REPRESENTACIÓN!

Alvin Ailey tuvo la idea de hacer la danza más emocionante. Quería animar a más personas para que se dedicaran a la danza.

Alvin nació en Texas, en 1931. El padre de Alvin se marchó de casa cuando Alvin era un bebé. Su madre tuvo muchos empleos diferentes. Cuando Alvin tenía 11 años, se mudaron a Los Ángeles.

Estados Unidos en la década de 1930

Durante la Gran Depresión de la década de 1930, muchos bancos y negocios cerraron. Millones de personas perdieron sus empleos y sus hogares. Había mucha gente sin trabajo.

Los afroamericanos no tenían acceso a la misma educación que los blancos. Por eso, para ellos era más difícil conseguir empleo. Muchos afroamericanos se mudaron para encontrar empleos.

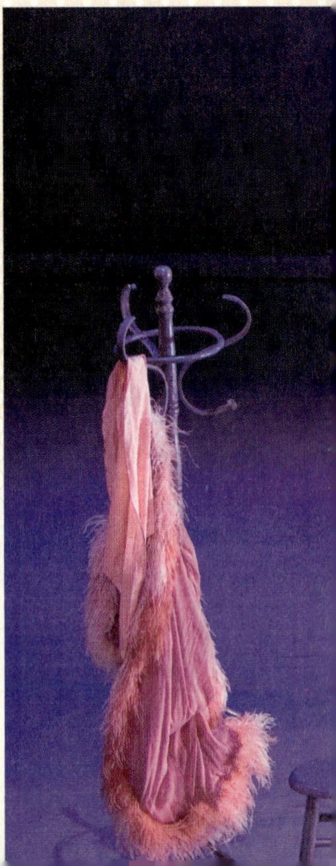

En Los Ángeles, Ailey se interesó por la danza. Al inicio de la década de 1950, Ailey se mudó a la Ciudad de Nueva York. Estudió ballet, danza moderna y actuación. También trabajó como bailarín y actor.

En 1958, Ailey creó el Teatro norteamericano de danza Alvin Ailey. Quería usar la danza para mostrar cómo era ser afroamericano.

La primera gran presentación de la compañía fue un ballet innovador llamado *Blues Suite.*

Blues Suite incluía danza moderna y africana, jazz y ballet.

Alvin Ailey hizo que la danza fuera accesible a muchas personas.

Muchas de las obras de Ailey estaban inspiradas en su niñez. Su más famosa rutina de danza es *Revelations.* Cuenta la historia de la infancia de Ailey en Texas.

Ailey era entusiasta y compasivo. Creó programas para enseñar danza a los niños. En ellos, los niños también aprendían habilidades para la vida como el trabajo en equipo y el respeto. Alvin Ailey murió en 1989. Pero su compañía de danza todavía existe.

Detective del lenguaje

La palabra subrayada es un artículo. Encuentra en esta página otros artículos.

Capítulo 3

AYUDAR A "LOS PEQUEÑOS SOCIOS"

Amadeo Giannini quería ayudar a la gente común.

Amadeo Giannini fue una persona compasiva. Comenzó un negocio para ayudar a otros.

Antes del siglo XX, solo los clientes ricos y los negocios podían abrir cuentas bancarias y pedir dinero prestado.

Los bancos no aceptaban clientes inmigrantes, como los padres de Giannini. Ellos se habían mudado de Italia a Estados Unidos en la década de 1860. Giannini decidió crear su propio banco.

Muchos edificios se derrumbaron cuando un terremoto golpeó San Francisco en 1906.

Giannini abrió su banco en San Francisco en 1904. Lo llamó Banco de Italia.

El nuevo banco era para los "pequeños socios", como los llamó Giannini. Él prestaba dinero a granjeros, obreros y dueños de tiendas.

El proyecto de Giannini tuvo éxito. Muy pronto, el banco tuvo varios miles de clientes.

En 1906, un terremoto destruyó gran parte de San Francisco. El edificio del Banco de Italia quedó en ruinas. Giannini instaló su banco en la calle. Después del terremoto, prestó dinero para reconstruir.

Detective del lenguaje **La palabra subrayada es una contracción. ¿Qué palabras la componen?**

Giannini abrió más oficinas del Banco de Italia por toda California. También compró otros bancos. En 1930, Giannini cambió el nombre de todos sus bancos a Banco de América.

En 1932, el Banco de América dio dinero para ayudar a construir el puente Golden Gate, en San Francisco. Su construcción fue posible gracias al dinero del banco.

AHORA COMPRUEBA

¿Por qué Giannini quería crear un banco?

La gente cruzaba la bahía de San Francisco en ferry antes de la construcción del puente Golden Gate.

Capítulo 4

UNA INVENTORA INTELIGENTE

Kavita Shukla tenía 13 años cuando comenzó un negocio. Inventó una tapa especial llamada Smart Lid para evitar el escape de productos químicos.

La tapa tiene una alarma que suena cuando el recipiente de químicos se abre o tiene fugas. Kavita tuvo la idea cuando su mamá olvidó poner la tapa al tanque de la gasolina después de llenarlo.

El segundo invento de Kavita vino después de que bebiera agua contaminada en la India. Su abuela le dio una mezcla de especias para que no enfermara. Era un remedio antiguo y funcionó.

Kavita Shukla ha ganado varios premios por sus inventos.

Kavita se preguntaba si algunas de estas especias podrían usarse para preservar alimentos. Descubrió que los alimentos duraban más si se envolvían en papel tratado con las especias. Además era natural. Se descomponía en la basura.

Ahora Kavita dirige una empresa que vende el papel creado por ella. Ella cree que su invento puede ayudar a más personas a comer alimentos frescos.

Ponerlo en marcha

Las empresas ayudan a las comunidades creando empleos en su zona. Aportan dinero y tiempo para actividades en la comunidad. Esta usa el dinero que gana para ayudar a las personas necesitadas.

Las comunidades deben promover la creación de empresas en su zona. Las empresas ayudan al desarrollo de las comunidades. Las convierten en mejores lugares para vivir.

Bill Gates comenzó Microsoft cuando era adolescente. Él y su esposa, Melinda, han donado alrededor de 26,000 millones de dólares a causas nobles.

Has leído acerca de empresarios que asumieron grandes riesgos para crear negocios nuevos. Los empresarios, a veces, deben pedir dinero prestado a los bancos. Tienen que trabajar mucho. Algunos donan parte del dinero que ganan a sus comunidades.

Tú también puedes buscar nuevas ideas. Podrías ser un empresario excepcional que comienza en pequeño, piensa en grande y ayuda a su comunidad.

AHORA COMPRUEBA

¿Qué le dio ideas a Kavita para sus inventos?

Respuesta a la lectura

Resumir

Usa detalles importantes de la selección para resumir *Comenzar en pequeño, pensar en grande*. Usa el organizador gráfico como ayuda.

Idea principal
Detalle
Detalle
Detalle

Evidencia en el texto

1. ¿Qué características de un texto persuasivo puedes encontrar en la página 13 de "Ponerlo en marcha"? **GÉNERO**

2. ¿Cuál es la idea principal en el capítulo 2? ¿Cuáles son los detalles clave que la apoyan? **IDEA PRINCIPAL Y DETALLES CLAVE**

3. La palabra *presentación* en la página 7, contiene el sufijo *-ción*. Este sufijo cambia un verbo en sustantivo. Utiliza esta información para definir la palabra *presentación*. **SUFIJOS**

4. Elige un empresario de *Comenzar en pequeño, pensar en grande* y escribe acerca de cómo él o ella ayudó a otras personas. Usa detalles del texto en tu respuesta. **ESCRIBIR SOBRE LA LECTURA**

Género Texto instructivo

Compara los textos

Lee acerca de cómo puedes usar tu dinero para lograr lo que deseas y ayudar a los demás.

Gastar y ahorrar

¿Gastas tu dinero o lo **depositas** en una cuenta de ahorros?

Es divertido gastar el dinero en cosas que deseas. También es una buena idea ahorrar. Quizá quieras guardar algo de dinero para ayudar a los demás.

Ahorrar para tener algunas cosas, como una camiseta, puede tomar solo unas semanas. Tener otras puede tomar meses. Es posible que desees comprar una bicicleta que cuesta $200. Debes hacer cuentas e iniciar un plan de ahorros.

Puedes hacer un **presupuesto**. Esto te ayudará a planear cuánto debes ahorrar y cuánto gastar.

Hacer un presupuesto

1. Haz una lista del dinero que ganas, como tu mesada o dinero de cumpleaños.
2. Haz una lista de las cosas que compras cada semana.
3. Calcula cuánto puedes ahorrar cada semana.
4. Calcula cuánto tiempo te tomará alcanzar tu meta.

Dinero que entra	
Mesada	$10
Otros	$8
TOTAL	**$18**
Dinero que sale	
Tienda de la esquina	$3
Otros (juego)	$10
Caridad	$2
TOTAL	**$15**
DINERO AHORRADO	**= $3**

Actualiza tu presupuesto cada semana para ver qué tan cerca estás de tu meta. Si gastas menos, alcanzarás tu meta más rápido.

Puedes usar tus ahorros para todo tipo de cosas. ¡Incluso puedes usar tu dinero para crear un negocio!

Haz conexiones

¿Cómo hacer un presupuesto te permite ayudar a los demás? **PREGUNTA ESENCIAL**

¿Por qué piensas que las personas que crearon negocios en *Comenzar en pequeño, pensar en grande* usaban una parte de su dinero para ayudar a otros? ¿A qué tipo de organización te gustaría apoyar con tu dinero? **EL TEXTO Y OTROS TEXTOS**

Glosario

depositar poner dinero en una cuenta bancaria *(página 16)*

empresario persona que tiene su propio negocio *(página 2)*

presupuesto plan de gasto y ahorro de dinero *(página 17)*

Índice

Enfoque:
Estudios Sociales

Propósito Entender cómo puede ayudarte un plan a recaudar dinero para ayudar a los demás

Procedimiento

Paso 1 Escoge una organización o una actividad en tu comunidad.

Paso 2 Piensa cómo recaudarías dinero para la organización. Podrías pensar en una venta de pasteles o una carrera divertida. Piensa en algo para hacer durante varias semanas. Piensa en grande.

Paso 3 Calcula cuánto dinero necesitas recaudar para alcanzar tu meta. ¿Cuánto tiempo necesitarás para alcanzarla?

Paso 4 Ahora haz un plan para recaudar el dinero. ¿Qué necesitarás hacer?